BUONAPARTE DÉMASQUÉ.

BUONAPARTE DÉMASQUÉ.

PAR J. X. T. L'AÎNÉ, DE P.

Le masque tombe, l'homme reste,
Et le héros s'évanouit.

J.-B. ROUSSEAU.

A PARIS,

Chez { DELAUNAY, Libraire, au Palais-Royal;
{ PETIT, Libraire, au Palais-Royal.

1814.

AVERTISSEMENT.

Nous n'avons pu donner à la rédaction de cet écrit tout le soin que nous aurions désiré. Il a été fait de mémoire et d'indignation, en deux ou trois jours, et dans des instans dérobés à des occupations de devoir.

BUONAPARTE DÉMASQUÉ.

L'ÉLÉVATION de Buonaparte est un exemple frappant de ce que peuvent les circonstances, lors même qu'elles ne sont aidées par aucun talent estimable. Le charlatanisme, l'art de tromper, ont été les seuls ressorts que ce prétendu grand homme ait fait agir pour monter sur le trône. Il suffit de jeter un coup d'œil rapide sur sa vie, sur ses opérations politiques et militaires, pour se convaincre que cette grande réputation est usurpée sous tous les rapports.

Buonaparte naquit dans l'île de Corse, environ deux ans avant la réunion de ce pays à la France; mais il a jugé à propos de retrancher une partie de son âge pour se faire croire Français.

Ses véritables prénoms sont *Antoine-Nicolas*; mais ce nom de Nicolas n'étant pas assez distingué pour lui, il le métamorphosa en celui de Napoléon.

Nicolas Buonaparte, dit Napoléon, n'est pas d'une illustre origine : on peut consulter sur ce fait l'almanach de la Corse, pour les années 1789 et antérieures, et l'on verra ses parens y figurer comme huissiers; mais il remédia à cet inconvénient, lors de sa première campagne d'Italie, en se faisant reconnaître par une famille noble de Piémont, qui porte le nom de Bonaparte.

Il avait été admis à l'Ecole Militaire par la protection du comte de Marbœuf, et au moyen d'une fausse généalogie.

Nicolas Buonaparte devenu lieutenant de canonniers, se trouvait en garnison à Avignon en 1793. On sait qu'à cette époque la France était en proie aux déchiremens de la plus affreuse guerre civile. Deux partis se disputaient les rênes du gouvernement : la Gironde et la Montagne. Le premier, plus modéré, voulait arrêter l'effusion du sang; le dernier avait à sa tête Roberspierre. On devine bien que Buonaparte, quoique jeune encore, ne resta pas neutre dans cette lutte meurtrière. En effet, non content de clabauder dans les clubs, en faveur de Roberspierre et de la Montagne, il publia une brochure en mauvais style, sous le titre de *Souper de Beaucaire* (1), dont le but est de prouver que la Montagne était le seul bon parti, et la Gironde le mauvais.

Dès ce moment il devint le correspondant et le protégé de Roberspierre, qui le recommanda à son frère, en mission dans le Midi. Ce fut au siége de Toulon, ou peu après, que Roberspierre le jeune nomma Buonaparte adjudant-général, quoiqu'il n'eût rien fait pour mériter ce grade.

Après le 9 thermidor, il fut arrêté à Nice comme Roberspierriste, par ordre du représentant Beffroi, en mission auprès de l'armée d'Italie. Il resta quelques mois dans les prisons de cette ville, où il partageait le dîner d'un agent d'affaires, nommé Fouquet d'Arles, détenu avec lui.

Sorti de prison, il vint se réfugier à Paris. En proie à la plus profonde misère, il y reçut des secours d'un homme qu'il avait fait destituer de ses fonctions d'envoyé français auprès de la république de Gènes. Tilly eut la générosité de lui prêter vingt-cinq louis, et en re-

____

(1) Imprimée chez Sabin-Tournal, à Avignon.

connaissance Tilly est mort exilé à Châtillon-sur-Seine.

Las de traîner dans Paris sa nullité, Buonaparte sollicitait du gouvernement la permission d'aller chercher des aventures à Constantinople. La Porte-Ottomane avait demandé des officiers français pour instruire ses troupes à l'européenne. Les passe-ports étaient sur le point d'être délivrés, lorsque des présages funestes annoncèrent le 13 vendémiaire. Dès lors Buonaparte renonça à son émigration en Turquie, et intrigua pour avoir le commandement de la troupe qui devait immoler les malheureux habitans de Paris. Il l'obtint, ce commandement, et plus de quatre mille pères de famille reçurent la mort par ses ordres. C'est la première fois que ce Corse s'abreuva à son gré du sang français.

Bientôt après, ses intrigues et celles de sa femme lui valurent le commandement en chef de l'armée d'Italie. Les campagnes qui en furent les suites seraient brillantes, et supposeraient en lui des talens militaires, si on ne connaissait le secret de ses victoires.

En effet, de grands sacrifices ont été les seuls moyens qu'il ait employés à gagner des batailles. Il achetait par le sang de vingt, trente, quarante mille Français, des victoires qu'un bon général eût obtenues à bien meilleur compte. Aussi, à la fin de sa campagne d'Italie, avait-il consommé une armée nombreuse, composée de soldats aguerris et exaltés par les idées de la révolution. Enfin, malgré les renforts nombreux qu'il recevait, n'ayant pas assez de soldats pour fournir à ses énormes sacrifices, et craignant de perdre une réputation acquise par des moyens odieux, il conclut avec l'Autriche des préliminaires de paix, contre les ordres mêmes du Directoire. Cependant ses intrigues et l'argent qu'il avait enlevé en Italie, lui firent trouver grâce auprès du gouvernement.

Mais son imagination avait été frappée des douceurs dont paraissent jouir les despotes de l'Asie et de l'Afrique. On se souvient de son projet d'aventures à Constantinople. Il crut qu'il était facile de subjuguer les peuples de ces climats lointains, et de s'établir chez eux en conquérant et en despote.

Il intrigua donc encore, et obtint du Directoire une armée de 90,000 hommes, composée d'officiers et de soldats choisis qu'il emmena en Égypte. En peu de temps cette armée eut le sort de celles qu'il avait déjà commandées. Il n'en restait plus que des malheureux débris, lorsqu'il prit la résolution de déserter clandestinement, et d'emporter la caisse de l'armée, qui renfermait sept ou huit millions. Muni de ce trésor, il traverse les mers et abandonne ainsi lâchement, dans les déserts de l'Afrique, les tristes restes d'une armée que sa démence y avait conduite. Pour comble d'impudeur, il fait ensuite répandre, par ses agens, que le Directoire avait voulu l'exiler, et rejette ainsi sur le compte de ce gouvernement faible, le projet insensé de cette expédition.

Enfin, il arrive à Paris comme un transfuge; mais fort dans l'art d'intriguer, de tromper et en possession de la caisse de l'Égypte. Avec ces moyens, et aidé par les circonstances, il devient premier Consul, et monte sur le trône au lieu de l'échafaud.

Maître absolu de la France, le prince de Machiavel devint la règle de sa politique intérieure. Accabler le peuple d'impôts, le décimer sans cesse par des guerres étrangères, l'occuper de bâtimens, de construction de ponts, de grandes routes, brouiller le peuple avec les grands, anéantir le commerce, l'industrie, éteindre les lumières : voilà les moyens affreux que Machiavel (1) recommande à son tyran idéal. Buonaparte seul les a mis en pratique.

L'Angleterre à qui l'Europe entière doit tout ce qu'il y a de beau, d'utile dans les sciences et dans les arts, l'Angleterre, qui porte partout où règne sa bienfaisante influence, les richesses, le bonheur, la paix et la liberté, l'Angleterre fut constamment l'objet de la haine impuissante (2) de Buonaparte. On le voit, dans les premiers temps de son consulat, épuiser la France à faire fabriquer des bateaux plats qui devaient pourrir sur nos rivages. On le voit à Boulogne, après des malheureux essais où quelques milliers de Français périssent victimes d'un autre projet insensé; on le voit, écu-

---

(1) Rendons justice à la mémoire de Machiavel. Il a eu pour but non de donner des armes aux tyrans, mais de dévoiler les moyens qu'ils emploient pour opprimer les peuples.

(2) Roberspierre avait le même but que Buonaparte; l'oppression de la France, et peut-être de l'Europe. L'Angleterre était le plus grand obstacle à l'exécution de ce projet. Aussi Roberspierre et Buonaparte se sont-ils déchaînés, ont-ils sans cesse vociféré contre l'Angleterre. Les discours, les phrases de Buonaparte semblent copiés dans les discours de Roberspierre.

mant de rage, déclarer sans raison la guerre à l'Allemagne pour sauver la honte d'une expédition ridicule.

Le même moyen lui a encore servi pour sauver sa réputation en Espagne. Il était à Madrid avec une armée formidable. Il avait déjà proclamé qu'avant le premier janvier il aurait planté ses aigles sur les tours de Lisbonne. Mais lord Wellington l'attendait sur les frontières de Portugal avec un petit nombre de braves dirigés par le génie. Que fait Buonaparte ? pour se tirer d'affaire il se ménage encore une guerre d'Autriche, proclame que la Maison de Lorraine a cessé de régner, emploie les moyens les plus odieux pour exciter les Hongrois à la révolte contre leur souverain légitime, et se regarde ensuite comme très-heureux de trouver un prétexte pour terminer cette guerre.

Le 18 brumaire avait mis entre les mains de Buonaparte la puissance et les immenses ressources que la révolution avait données à la France. A sa place un génie médiocre et ambitieux aurait pu faire de grandes choses, si l'on peut appeler ainsi les révolutions qui font tant de victimes. Pour cela il n'avait qu'à rester premier Consul et suivre le système du Directoire, et l'impulsion de la révolution.

Au contraire, il signale la première année de son gouvernement par une faute qui ne suppose pas en lui des connaissances politiques; mais pas même le sens le plus commun. Les nègres de Saint-Domingue étaient libres et fidèles à la France; il veut les faire rentrer dans l'esclavage. Il envoie son beau-frère avec une armée de 60,000 hommes pour faire exécuter son arrêt; et la France perd 60,000 hommes et Saint-Domingue. Par une suite de la même impolitique nous avons perdu depuis toutes nos possessions d'Amérique.

Nous avons perdu Malte les premiers mois de son consulat. Avant lui Moreau avait poussé nos conquêtes au-delà du Rhin; Pichegru avait conquis la Hollande; Championnet le royaume de Naples. Buonaparte n'a presque rien ajouté aux conquêtes de la France. Il a manqué le but de toutes ses expéditions, parce qu'elles étaient mal conçues et impolitiques. Qu'ont produit à la France ses victoires de Marengo, d'Austerlitz... achetées par la mort de tant de Français? Qu'a produit à la France l'occupation de l'Espagne arrosée si long-temps du sang Français? Les Français se glorifieraient-ils de ce qu'un Corse les aurait conduits avec des forces supérieures et par de grands sacrifices dans

les principales capitales de l'Europe? se glorifieraient-ils d'avoir été les instrumens et les
victimes d'un étranger?

Nous le répétons, toute la tactique de Buonaparte a consisté à attaquer avec des forces
supérieures et isolément les différentes puissances de l'Europe, de les étonner, les épou-
vanter par l'énormité de ses sacrifices, qu'il avait
l'art de cacher par une grande activité. Pour
gagner un champ de bataille, quelques lieues
de terrein, il sacrifiait 40, 50 mille Français. Il
en a sacrifié 80 mille pour les victoires insigni-
fiantes de Lutzen et de Bautzen.

S'il avait eu de véritables talens militaires,
aurait-il perdu presque toutes les armées qu'il
a commandées? Aurait-il dépensé tant de millions de Français pour remporter quelques victoires inutiles, dont il doit même une partie à
la corruption?

S'il avait eu de véritables talens militaires,
aurait-il fui devant Wellington? n'aurait-il pas
planté ses aigles sur les tours de Lisbonne
comme il l'avait proclamé avec tant de jac-
tance?

S'il avait eu de véritables talens militaires,
aurait-il fui de Moscow en perdant la plus belle

armée qui ait peut-être jamais existé, et un matériel immense?

S'il avait eu de véritables talens militaires, se serait-il laissé cerner, couper à Dresde avec une armée de 4 à 500 mille hommes? Avec des forces si imposantes, le plus médiocre général n'aurait-il pas fait au moins une retraite honorable, au lieu de cette fuite honteuse dans laquelle il sacrifie encore toute son armée? Eh! qu'il ne dise pas que c'est à la trahison qu'il doit sa défaite : sa fuite date de Dresde, et les Saxons indignés n'ont tiré sur lui qu'à Leipsick.

C'est encore à son défaut de talens militaires qu'il faut attribuer les défaites de ses généraux. Il leur donnait des plans de campagne absurdes et ils n'osaient s'en écarter.

Non seulement Buonaparte n'avait pas les qualités d'un bon général, mais il n'avait pas même celles d'un bon soldat. Jamais, malgré tout son charlatanisme, il n'a pu se faire une réputation de courage. Jamais il n'a exposé sa vie un seul instant. Au moindre danger personnel on le voit perdre la tête, prendre la fuite et venir se réfugier à Paris. Il nous parle du pont d'Arcole.... Mais ne sait-on pas que lorsqu'il y planta son fameux drapeau, le général Augereau l'avait traversé avec toute sa division et que le péril n'existait plus (1). Au reste, les Parisiens ne l'ont-ils pas vu donner des marques de la plus grande lâcheté au 18 brumaire dans la salle du Conseil des cinq-cents, quoiqu'il fût entouré de ses baïonnettes et que le péril ne fût pas imminent pour lui?

Mauvais politique, il a voulu faire rentrer les Nègres de Saint-Domingue en esclavage, et cette faute nous a coûté notre colonie et notre armée.

Mauvais politique, il a voulu, par la plus infâme des trahisons, et sans connaître le caractère espagnol, s'emparer de l'Espagne; et la France a perdu en Espagne plus d'un million d'hommes et plus d'un milliard en argent.

Mauvais politique, il a voulu s'emparer successivement des divers états de l'Europe, sans connaître l'esprit des peuples; et arrivé à Berlin, à Vienne, il était obligé de chercher des prétextes pour se retirer; et la France perdait ainsi sa population et ses richesses.

Il nous a dit, dans un de ses bulletins de Moscow, que sa guerre de Russie était une guerre politique : on peut en juger par les résultats.

___

(1) Voyez le mémoire publié par Carnot, après le 18 fructidor.

Enfin, la politique de Buonaparte a été celle d'un homme en démence. Il suffit de dire que la France riche et puissante, au 18 brumaire, a été conduite, par ses fautes successives et nombreuses, au plus bas degré de la misère et de l'humiliation.

Examinons maintenant Buonaparte comme administrateur. Un bon administrateur est celui qui, par la sagesse, l'économie de son administration, augmente les richesses, la prospérité du pays qu'il est appelé à gouverner, celui qui fait fleurir l'agriculture, le commerce, les arts, l'industrie.

Buonaparte a-t-il rien fait de tout cela? N'a-t-il pas fait tout le contraire?

Quinze cent millions de contributions qu'il arrachait tous les ans au malheureux peuple français, ne suffisaient pas à sa voracité. Il a dévoré les cautionnemens de tous les fonctionnaires publics.

Il a dévoré les restes des biens nationaux.

Il a dévoré tous les biens communaux.

Et pour comble d'horreur, il a fait vendre les biens des hôpitaux de Paris, et il en a dévoré le produit. Il les a dévorés ces biens consacrés depuis des siècles par la bienfaisance de nos pères au soulagement des pauvres; il les a dévorés...! ces biens dont quelques débris avaient échappé à la voracité des révolution- naires.

Ajoutons les contributions énormes qu'il a reçues de l'Espagne, de l'Italie, de l'Autriche, de la Prusse, et de toutes les puissances de l'Eu- rope. Où ont passé tous ces trésors immenses ? Quel emploi raisonnable en a-t-il fait ? Où est donc le bon administrateur ? L'administration de Buonaparte laisse à la malheureuse France, au lieu d'une somme d'épargnes, une dette publique immense.

Ainsi, sous quelque rapport que l'on consi- dère Buonaparte, on est convaincu que sa grande réputation est usurpée, et n'est que le fruit de son charlatanisme : mauvais général, politique ab- surde, administrateur inepte, il n'a connu que l'art de tromper.

Français, nous avions méconnu, outragé.... nos pères, nos bienfaiteurs, les Bourbons, pro- tecteurs de la liberté, des arts, du bonheur, de la prospérité nationale, et le ciel irrité nous a envoyé Buonaparte.... Nous les avions outra- gés les Bourbons, et vingt-cinq années de mal- heurs, des souffrances sans exemple ont à peine apaisé le ciel irrité.

Français, abjurons toute haine, tout esprit

de parti : nos pères nous le commandent. Que les lis des Bourbons soient le signe d'une réconciliation sincère et éternelle. Le gouvernement républicain ne convient pas à la France. Le despotisme de Buonaparte a fait notre malheur. Français, vivent les Bourbons! que ce cri retentisse dans tous les cœurs et d'un bout de la France à l'autre.

Grâces vous soient rendues, puissances coalisées, qui avez arrêté, qui mettez une fin aux brigandages d'un monstre qui ravageait la terre! Vous tous, empereurs, rois, princes et membres de la coalition sainte, qui avez conquis la paix, et qui la donnez au monde, grâces vous soient rendues! O Alexandre! votre nom passera à la postérité, l'univers entier le prononcera en versant des larmes d'admiration et de reconnaissance. Oui, nos enfans s'écrieront à l'avenir : O Alexandre! *sans Alexandre, nous n'existerions pas.*

FIN.

DE L'IMPRIMERIE D'ADRIEN ÉGRON,
rue des Noyers, n° 37.

www.ingramcontent.com/pod-product-compliance
Lightning Source LLC
LaVergne TN
LVHW021801030726
842523LV00003B/1141